BEI GRIN MACHT SICH IHR WISSEN BEZAHLT

Trainingsplan zur Ausdauersteigerung. Verbesserung des Immunsystems und Senken des Ruhepulses

Lara Hanack

Bibliografische Information der Deutschen Nationalbibliothek:

Die Deutsche Nationalbibliothek verzeichnet diese Publikation in der Deutschen Nationalbibliografie; detaillierte bibliografische Daten sind im Internet über http://dnb.d-nb.de abrufbar.

ISBN: 9783346364388
Dieses Buch ist auch als E-Book erhältlich.

Druck und Bindung: Books on Demand GmbH, Norderstedt Germany
Gedruckt auf säurefreiem Papier aus verantwortungsvollen Quellen

Das vorliegende Werk wurde sorgfältig erarbeitet. Dennoch übernehmen Autoren und Verlag für die Richtigkeit von Angaben, Hinweisen, Links und Ratschlägen sowie eventuelle Druckfehler keine Haftung.

Das Buch bei GRIN: https://www.grin.com/document/994027

Deutsche Hochschule für
Prävention und Gesundheitsmanagement
Hermann Neuberger Sportschule 3
66123 Saarbrücken

Einsendeaufgabe

Fachmodul:	Trainingslehre II
Studiengang:	Bachelor of Arts Gesundheitsmanagment
Datum Präsenzphase:	16.11.2020 – 18.11.2020
Name, Vorname:	Hanack, Lara Juliane
Studienort:	Berlin
Semester:	WS 2019

Inhaltsverzeichnis

1 Diagnose

1.1 Allgemeine und biometrische Daten

In Folge eines ersten Eingangsgespräches wurden alle relevanten und wichtigen Daten des Probanden gesammelt. Diese werden im weiteren Verlauf der Trainingsplanung benötig. Die Daten sind in der nachfolgenden Tabelle dargestellt.

Tabelle 1: Allgemeine Daten (eigene Darstellung)

Geschlecht	Weiblich
Körpergröße	173 cm
Körpergewicht	58 kg
Trainingsmotive	Möchte in 6 Monaten den ersten Halbmarathon laufen, Ausdauerleistungsfähigkeit verbessern, Immunsystem stärken, Herzfrequenz in Ruhe senken
Berufliche Tätigkeit	Duales Studium Gesundheitsmanagement
Aktuelle sportliche Aktivität	Ausdauertraining: moderates Laufen 3x pro Woche zwischen 45-60 Minuten seit 9 Monaten Krafttraining: 3x pro Woche
Frühere sportliche Aktivität	Laufen 1-2x die Woche seit ca. 3 Jahren (Distanz zwischen 5 und 15 km) Krafttraining 2-3 pro Woche seit ca. 1 Jahr
Zeitlicher Verfügungsrahmen	4 mal pro Woche, 45-70 Minuten pro Trainingseinheit
Allgemeiner Gesundheitszustand (orthopädische und internistische Probleme, ärztliche Behandlungen, Einnahme von Medikamenten)	Die Probandin hat keine körperlichen Einschränkungen, befindet sich nicht in ärztlicher Behandlung und muss keine Medikamente regelmäßig einnehmen.

Um die Trainierbarkeit der Kundin besser einschätzen zu können und eventuelle Risiken im Vorfeld ausschließen zu können erfolgten im Vorfeld verschiede Tests um die biometrischen Daten der Kundin zu ermitteln. Diese Daten sind wichtig um u.a. das richtige Testverfahren auszuwählen und eine Zielführende Trainingsplanung vorzunehmen. Im nachfolgenden sind die Ergebnisse tabellarisch dargestellt.

Tabelle 2: Biometrische Daten (eigene Darstellung)

Test	Test-werte	Normwerte	Auswertung
Blutdruck (mittels Blut-druckmessgerät)	122/82 mmHg	Normwerte nach WHO siehe Tabelle 3	Der Blutdruck liegt im optimalen Bereich
Ruhepuls (mittels Blut-druckmessgerät)	69 Schläge/ min	Normwerte für Erwachsene 60-80 Schläge / Minute (Gimbel, 2014)	Der Ruhepuls liegt im Bereich der Norm-werte
Körperfettanteil in % (mittels TANITA-Körperwage)	22%	Normwert für für Frauen in diesem Alter liegt bei 21% (Gallagher, 2000)	Der Körperfettanteil liegt im Normbereich
Body-Mass-Index (kg/m^2)	19,2 kg/m^2	Normwert 19-25 kg/m^2 (Raschka, 2006)	Der Body-Mass-Index befindet sich im optima-len Bereich

Tabelle 3: Einteilung Blutdrucknormwerte nach WHO (eigene Darstellung)

Bewertungsstufen	Systolische Blutdruck	Diastolischer Blutdruck
Normaltblutdruck (Normmotonie):		
optimal	< 120 mmHg	< 80 mmHg
normal	< 130 mmHg	< 85 mmHg
hochnormal	130 - 139 mmHg	85 - 89 mmHg
Bluthochdruck (arterielle Hypertonie) :		
Stufe 1	140 - 159 mmHg	90 - 99 mmHg
Stufe 2	160 - 179 mmHg	100 - 109 mmHg
Stufe 3	> 180 mmHg	> 110 mmHg

Betrachtet man die oben dargestellten Diagnosedaten der Person, so kann man keine Sig-nifikaten gesundheitlichen Einschränkungen, im Hinblick auf das Testverfahren feststel-len. Der Blutdruck der Person 122 mmHg systolisch zu 82 mmHg diastolisch ist nach den anerkannten Normwerten der Wissenschaft als normal einzustufen. Auch der Ruhepuls mit dem Wert von 69 Schlägen pro Minute (S/min) liegt im Bereich der Pulsnormwerte für Erwachsene (Gimbel, 2014). Die Pulsnormwerte bei Erwachsenen liegt bei 60 – 80 S/min (Gimbel, 2014). Somit stellt weder Blutdruck noch Puls eine Einschränkung im Hinblick auf die Ausdauerleistung dar, da sie im Wissenschaftlich anerkannten Normbe-reichen liegen. Des Weiteren liegen weder orthopädische – noch internistische Probleme vor, sowie keine Einnahme von Medikamenten oder anderen gesundheitlichen Einschrän-kungen. Aufgrund der Vorerfahrung im Ausdauertraining und des Gesundheitszustandes ist die Person als voll belastbar und Trainierbar einzustufen.

4

1.2 Leistungsdiagnostik/Ausdauertestung

Um den Leistungstand der Testperson einschätzen zu können, ist es notwendig eine sogenannte Leistungsdiagnostik durchzuführen. Diese erfolgt mittels eines Ausgewählten Testverfahrens. Bei dem Test wird die Ausdauerleistungsfähigkeit der Person anhand von Ergometrie gemessen. Dadurch kann eine Beurteilung anhand vorhandener Referenzdaten, ein interpersonellen Vergleich vorgenommen werden (Gimbel, 2014). Es gibt verschiedene Testverfahren die für unterschiedliche Leistungsniveaus. Zum einen gibt es den WHO-Test. Diese Testung ist vor allem für Leistungsschwächere, wie ältere Personen, übergewichtige sowie untrainierte Frauen geeignet. Des Weiteren gibt es den Vita-Maxima-Test. Dieser eignet sich für besonders für die Personen, die sehr gut trainiert sind bzw. Leistungssport betreiben. Der Hollmann-Venrath-Test eignet sich für leistungsfähige, also gut trainierte Männer/Frauen, sowie trainierte ältere Personen. Aus diesem Grund führt unsere Probandin die Hollmann-Venrath-Test durch.

1.2.1 Begründung der Auswahl des Hollmann-Venrath-Test

Der Hollmann-Venrath-Test wird zur Leistungsdiagnostik verwendet, da die Testperson bereits gut trainiert ist und in ihrer Freizeit sehr viel Sport macht. Insgesamt führt unsere Probandin bereits dreimal die Woche ein Ausdauertraining, sowie ein Krafttraining durch. Somit besitzt sie einen guten Leistungsstand. Dieses lässt sich auch aus ihren biometrischen Daten ablesen. Ihr Ruhepuls liegt bei 69 S/min und auch ihr Blutdruck liegt im Bereich der Normwerte. Der WHO-Test würde für die Probandin nicht in Frage kommen, da dieser für leistungsschwache und untrainierte Personen geeignet ist. Auch der Vita-Maxima-Test kommt die Probandin nicht in Frage, da diese nicht an ihre maximale Ausbelastung gehen möchte. Da sie auf eine gesundheitsorientiertes Training Wert legt ist der Hollmann-Venrath-Test die richtige Testform für die Probandin.

1.2.2 Testdurchführung

Als Testverfahren wird der Hollmann-Venrath-Test (H & V Test) durchgeführt. Dieser Test wird auf dem Fahrradergometer durchgeführt und ist einer der etabliertesten Tests zur Beurteilung der Ausdauerleistungsfähigkeit. Bei diesem Testverfahren handelt es sich um einen Stufentest bis zur Pulsobergrenze nach IPN oder alternativ bis zur Pulsobergrenze nach der Weltgesundheitsorganisation (WHO). Diese definierte Pulsobergrenze wird vor der Testung festgelegt. Bei diesem Test wird die Pulsobergrenze nach IPN festgelegt. Die Stufendauer bei dem Hollmann-Venrath-Test beträgt drei Minuten. Die Belastungssteigerung bei diesem Test liegt bei vierzig Watt pro Stufe und weißt somit eine hohe Belastung bzw. eine höhere Belastungssteigerung auf, weswegen dieses Testverfahren vor allem für jüngere und trainierte Personen in Frage kommt, sowie Personen den eine Belastbarkeit von einhundertfünfzig Watt zugetraut werden. Im folgenden Test liegt die Eingangsbelastung bei dreißig Watt und wird alle drei Minuten um vierzig Watt gesteigert. Die Trittfrequenz wird dabei zwischen sechzig und achtzig Umdrehungen pro Minute gehalten. In Begleitung dazu wird jede Minute die Herzfrequenz gemessen und in das Testprotokoll eingetragen. Die Wattleistung wird so lange gesteigert, bis die Testperson die definierte Pulsobergrenze erreicht hat. Die Pulsobergrenze wird nach IPN festgelegt (Trunz, 2004), die in der nachfolgenden Tabelle (Vgl. Tab 4) dargestellt. Dieses würde bei der Testperson bei 145 S/min (nach der IPN berechneten Obergrenze) liegen. Da die Probandin zwei bis dreimal die Woche moderates Ausdauertrainings macht, werden zu IPN-Pulsobergrenze nochmal 5 S/min addiert um ein korrektes Testergebnis zu gewährleisten (Trunz, 2004). Somit liegt die Pulsobergrenze, unter zusätzlicher Berücksichtigung der Trainingshäufigkeit ausdauerrelevanter Aktivitäten, bei der Testung bei 150 S/min.

Tabelle 4: Voreinstufung nach Ruheherzfrequenz und Lebensalter (modifiziert nach Trunz; IPN, 2004, S. 1-6)

Hf Ruhe/Alter	< 20	20-29	30-39	40-49	50-59	60-69	> 70
< 50 S/min	140 S/min	135 S/min	130 S/min	125 S/min	115 S/min	110 S/min	105 S/min
50-59 S/min	145 S/min	140 S/min	135 S/min	125 S/min	120 S/min	115 S/min	110 S/min
60-69 S/min	145 S/min	145 S/min	135 S/min	130 S/min	125 S/min	120 S/min	115 S/min
70-79 S/min	150 S/min	145 S/min	140 S/min	135 S/min	130 S/min	125 S/min	120 S/min
80-89 S/min	155 S/min	150 S/min	145 S/min	140 S/min	135 S/min	125 S/min	125 S/min
> 90 S/min	160 S/min	155 S/min	150 S/min	145 S/min	135 S/min	130 S/min	125 S/min

Treten andere Kennzeichen auf, wie eine verlangsamte Trittfrequenz infolge der Ermüdung der Beinmuskulatur ist der Test beendet. Sollten außerdem während des Tests Symptome wie subjektive Beschwerden oder Erschöpfung, Engegefühl in der Brust, Atemnot, Hustenreiz unter Belastung, Schmerzen, Übelkeit, Blässe, Schwindel, kalter Schweiz, zu starker Bludruckanstieg (<230/115 mmHg), fehlender Blutdruckanstieg oder Blutdruckabfall unter Belastung auftreten, muss der Test unverzüglich abgebrochen werden (Gimbel, 2014). Als Testgröße wird die Wattzahl der zuletzt durchgefahrenen Belastungsstufe bei Erreichen der definierten Pulsobergrenze bzw. Zeitinterpolation, wenn die

Pulsobergrenze vor dem Ende der entsprechenden Belastungsstufe erreicht wird. Die gefahrene Wattleistung wird anschließend mit den Normwerten für die jeweilige Altersstufe und das jeweilige Geschlecht in Tabelle 7 verglichen.

Die Testperson hat keine gesundheitlichen Einschränkungen und kann aufgrund der mehrjährigen Lauferfahrung und aktuellen Trainingsumfang als gut trainierter Ausdauersportler eingestuft werden. Somit ist dieser Stufentest mit submaximaler Belastung der Person zu Verantworten. Bei diesem Fahrradergometer –Test kann die Belastung genau dosiert werden und es liegen wissenschaftlich abgesicherte Normwerttabellen vor, die eignen individuellen Leistungsvergleich ermöglichen. Da das Fahrradergometer eine geringe Anforderung an den Bewegungsablauf stellt, eignet es sich gut zur Testdurchführung. Außerdem erfordert das Fahrradergometer geringe koordinative Fähigkeiten an die Person und auch die Verletzungsgefahr ist gering.

Im folgendem werden die Testparameter des Hollmann-Venrath-Test dargestellt.

Tabelle 5: Testparameter Hollmann-Venrath-Test (eigene Darstellung)

Datum	19.11.2020
Alter	20 Jahre
Geschlecht	weiblich
Testform	Hollmann-Venrath-Test
Belastungsart	Submaximale Belastung, Stufentest
Eingangsbelastung	30 Watte
Stufendauer	3 Minuten
Belastungssteigerung	40 Watt
Trittfrequenz	ca. 60 - 80 U/min
Ruhepuls	69 S/min

Im Testverlauf wird nach jeder Minute die Herzfrequenz protokolliert. So ergeben sich nachfolgend pro Belastungsstufe drei Herzfrequenzangaben.

Tabelle 6: Testverlauf des Hollmann-Venrath-Tests (eigene Darstellung)

Zeit in Minuten	Watt	Herzfrequenz 1	Herzfrequenz 2	Herzfrequenz 3
1 -3	30	80	90	105
4-6	70	110	115	119
7-9	110	124	127	131
10-12	150	135	137	139
13-15	190	140	145	150

Tabelle 7: Normtabelle für submaximale Radergometertests - Relative Watt-Soll-Leistung (Watt pro kg) bei Frauen (modifiziert nach IPN, 2004)

Intensität/Alter	< 30	30-34	35-39	40-44	45-49	50-54	55-59	>60	Bewertung
0,50	1,15	1,09	1,04	0,98	0,92	0,86	0,81	0,75	– –
0,51	1,2	1,14	1,08	1,02	0,96	0,90	0,84	0,78	– –
0,52	1,25	1,19	1,13	1,06	1,00	0,94	0,88	0,81	– –
0,53	1,3	1,24	1,17	1,11	1,04	0,98	0,91	0,85	– –
0,54	1,35	1,28	1,22	1,15	1,08	1,01	0,95	0,88	– –
0,55	1,40	1,33	1,26	1,19	1,12	1,05	0,98	0,91	–
0,56	1,45	1,38	1,31	1,23	1,16	1,09	1,02	0,94	–
0,57	1,50	1,43	1,35	1,28	1,20	1,13	1,05	0,98	–
0,58	1,55	1,47	1,40	1,32	1,24	1,16	1,09	1,01	–
0,59	1,60	1,52	1,44	1,36	1,28	1,20	1,12	1,04	–
0,60	1,70	1,62	1,53	1,45	1,36	1,28	1,19	1,11	Ø
0,61	1,80	1,71	1,62	1,53	1,44	1,35	1,26	1,17	Ø
0,62	2,00	1,90	1,80	1,70	1,60	1,50	1,40	1,30	Ø
0,63	2,10	2,00	1,89	1,79	1,68	1,58	1,47	1,37	+
0,64	2,30	2,19	2,07	1,96	1,84	1,73	1,61	1,50	+
0,65	2,40	2,28	2,16	2,04	1,92	1,80	1,68	1,56	+
0,66	2,60	2,47	2,34	2,21	2,08	1,95	1,82	1,69	+ +
0,67	2,80	2,66	2,52	2,38	2,24	2,10	1,96	1,82	+ +
0,68	3,00	2,85	2,70	2,55	2,40	2,25	2,10	1,95	+ +
0,69	3,20	3,04	2,88	2,72	2,56	2,40	2,24	2,08	+ +
0,70	3,40	3,23	3,06	2,89	2,72	2,55	2,38	2,21	+ +

Die oben aufgeführten Daten zeigen, in tabellarischer Form (Tab. 6), die Ergebnisse der Testperson. Diese hat alle fünf Belastungsstufen vollständig durchfahren (bis einschließlich 190 Watt). Nach 15 Minuten hat die Probandin ihre nach IPN berechnete Pulsobergrenze von 150 S/min erreicht. Somit wurde der Test an dieser Stelle beendet. Die Voraussetzung hat unsere Probandin erfüllt, indem sie eine Belastbarkeit von mindestens

150 Watt aufzeigte. Demnach liegt die Gesamtleistung der Person bei 190 Watt. Aus diesen Werten lässt sich eine relative Wattleistung von 3,28 Watt/kg Körpergewicht errechnen. (190 Watt: 58 Kg). Bezieht man diese Werte der erbachten Leistung mit der Vorgabe aus der Norm-Soll-Leistungstabelle (Trunz, 2004) für eine zwanzig jährige Frau, so ergibt sich eine überdurchschnittliche bis sehr gut ausgeprägte Ausdauerfähigkeit für unsere Probandin.

1.3 Gesundheits- und Leistungsstatus der Person

Die Probandin ist als überdurchschnittlich leistungsfähig einzustufen. Ihre gesundheitliche Werte zeigen keinerlei Auffälligkeiten auf. Der Blutdruck ist mit 122/82 mmHg in Normbereich. Auch der Ruhepuls liegt mit 69 Schlägen im Bereich der Normwerte für Erwachsene (Gimbel, 2014). Die Testperson ist jung, gut trainiert und konnte im Hollmann-Venrath-Test eine Wattleistung von 3,28 Watt/kg erzielen. Dieses Ergebnis liegt im sehr guten überdurchschnittlichen Bereich (Quelle). Damit ist die Person als voll trainierbar und belastbar einzuschätzen. Somit kann das Trainingsniveau aufrechterhalten werden und noch im optimal Fall weiter gesteigert werden.

2 Zielsetzung und Prognose

Ein persönliches Ziel der Person ist es einen Halbmarathon zu laufen. Dieses Ziel sollte stets machbar, aber auch attraktiv formuliert werden. Ziele sind für die Leistungsentwicklung essentiell und helfen dabei dem Training eine Struktur zu geben. Somit ist es das Ziel, die Person auf ihrem Weg zum Halbmarathon zu begleiten und zu motivieren, um dieses zu erreichen.

In der nachfolgenden Tabelle werden die Ziele der Person dargestellt.

Tabelle 8: Zielsetzung (eigene Darstellung)

Inhalt	Ausmaß	Zeit
Verbesserung der Langzeitausdauer	Halbmarathon: 21 km 140 min Belastung	6 Monate
Verbesserte Aktivität des Immunsystem	-	Langfristig
Verminderung der Herzfrequenz in Ruhe	Verminderung Ruhepuls um minus 5 S/min	6 Monate

Zum Inhalt der Zielsetzung geröhrt die Verbesserung der Langzeitausdauer, die verbesserte Aktivität des Immunsystems und die Verminderung der Herzfrequenz in Ruhe. Die Verbessrung der Langzeit Ausdauer hat zum Ziel einen Halbmarathon zu laufen, das heißt ein Ausmaß von 21 km und einer Belastungsdauer von einhundertzwanzig Minuten. Dieses Ziel ist, bei der richtigen Trainingsplanung, innerhalb von sechs Monaten erreichbar. Außerdem ist der gesundheitliche Aspekt der Probandin sehr wichtig, weshalb sie durch das regelmäßige Ausdauertraining ihre Aktivität des Immunsystems stärken und verbessern will. Dieses ist ein langfristiges Ziel und dient der Prävention, der Gesundheit. Als drittes Ziel ist es die Herzfrequenz in Ruhe um 5 S/min zu reduzieren und daraus folgend auch die Herzfrequenz unter Belastung zu reduzieren. Dieses ist durch zwei bis dreimal Ausdauertraining in der Woche in einer Zeit von sechs Monaten, bei richtiger Trainingsplanug, realisierbar. Aus diesen Zielen, den vorher betrachteten allgemeinen sowie biometrischen Daten und der Auswertung der des Ausdauertestes, lässt sich eine konkrete Trainingsplanung für die Probandin erstellen.

3 Trainingsplanung Mesozyklus

3.1 Grobplanung Mesozyklus

Im folgenden wird ein zwölf-wöchiger Trainingsplan für eine zwanzig-jährige leistungs- und gesunheitsorientierte Läuferin dargestellt (Grobplanung siehe folgende Tab. 9) Die Trainingshäufigkeit liegt aktuell bei drei bis viermal die Woche. Jedoch ist unsere Probandin bisher eher nach Lust und verfügbare Zeit gelaufen und nicht nach einem konkreten Trainingsplan. Die einundzwanzig Kilometer des Halbmarathons stellen sie vor ein neues persönliches Ziel, da sie aktuell nur Distanzen von zehn bis fünfzehn Kilometer läuft. Die Zeit spielt ihr bei dem Halbmarathon keine Rolle. Für sie ist es wichtig die einundzwanzig Kilometer durchzuhalten und etwas für ihre Gesundheit zu tun, und ihr Immunsystem in Folge des Ausdauertrainings, zu stärken. Um diese Ziele zu erreichen möchte sich unsere Probandin entsprechend vorbereiten. In der Detailplanung des Mesozyklus (vgl. Tab 10) wird die Intensität mit Hilfe der Trainingsherzfrequenz in Prozent der Hf_{max} dargestellt.

Tabelle 9: Grobplanung Mesozyklus (eigene Darstellung)

Grobplanung Mesozyklus	
Dauer	6 Wochen
Trainingsziele	Stabilisierung und Entwicklung der Grundlagenausdauer (GA1/GA2) Verbesserung der aeroben Fitness Verbesserung der aerob-anaeroben Fitness Entwicklung der Grundlagenausdauer (GA2)
Belastungsumfang/Woche	3-6 Stunden
Trainingsmethoden	• Extensive Dauermethode • Intensive Dauermethode
Trainingsintensität	• 65-75 % Hf_{max} (extensive DM) (FST) • 75-85 % Hf_{max} (extensive DM) (GA1/GA2) • 85-95 % Hf_{max} (intensive DM) (GA2)
Trainingshäufigkeit/Woche	3-4 mal
Dauer pro Trainingseinheit	• 60min -2:00 h (FST) • 30min–1:16 h (extensive DM) (GA1/GA2) • 23min-57min (intensive DM) (GA2)
Trainingsorte/-geräte	Individuell (Laufbahn, Wald, Park, Asphalt), Laufband

3.2 Detailplanung Mesozyklus

Tabelle 10: Detailplanung Mesozyklus (eigene Darstellung)

	Detailplanung Mesozyklus			
	Dienstag	Donnerstag	Freitag	Sonntag
1. Woche	30 min lockerer Dauerlauf (DL), extensive Dauerme-thode (DM) 75-85 % Hf_{max} (GA1/GA2)	35 min lockerer DL 75-85 % Hf_{max}		60 min langsamer DL, extensive DM, Fettstoff-wechseltraining (FST), 65 -75 % Hf_{max}
2. Woche	40 min lockerer DL, 75-85 % Hf_{max}	10 min lockerer DL, 75-85 % Hf_{max} 35 min Fahrtspiel 10 min lockerer DL 75-85 % Hf_{max}	30 min lockerer DL, 75-85 % Hf_{max}	70 min langsamer DL, 65 -75 % Hf_{max}
3. Woche	35 min lockerer DL, 75-85 % Hf_{max}	10 min lockerer DL, 75-85 % Hf_{max} 40 min Fahrtspiel 10 min lockerer DL 75-85 % Hf_{max} (GA1/GA2)		80 min langsamer DL mit 1-2 min Gehpausen alle 20 Minuten, 65 -75 % Hf_{max}
4. Woche	40 min lockerer DL, 75-85 % Hf_{max}	10 min lockerer DL, 75-85 % Hf_{max} 40 min Fahrtspiel 10 min lockerer DL, 75-85 % Hf_{max}	20 min lockerer DL, ex-tensive DM, 75-85 % Hf_{max} anschließend 3 Steige-rungen	90 min langsamer DL mit 1-2 min Gehpausen alle 20 Minuten, 65 -75 % Hf_{max}

11

5. Woche	35 min lockerer DL, 75-85 % Hf_{max}	10 Minuten langsamer DL, 65 -75 % Hf_{max} **5x 2 min schnell**, 85-95 % Hf_{max} dazwischen je **2,5 Minuten** **Trabpause**, 65 -75 % Hf_{max}, **10 min langsamer DL**, 65 - 75 % Hf_{max}		10 km- Testlauf
6. Woche	45 min lockerer DL, 75-85 % Hf_{max}	**60 min lockerer DL**, 75-85% Hf_{max}	30 min lockerer DL, 75-85 % Hf_{max} anschließend 3 Steigerungen	**100 min langsamer DL** mit 1-2 min Gehpausen alle 20 Minuten, 65 -75 % Hf_{max}
7. Woche	40 min lockerer DL, 75-85 % Hf_{max}	10 Minuten langsamer DL, 65 -75 % Hf_{max} **5x 3 min schnell**, 85-95 % Hf_{max} **(GA2)** dazwischen je **3 Minuten** **Trabpause**, 65 -75 % Hf_{max}, **10 min langsamer DL**, 65 - 75 % Hf_{max}		**110 min langsamer DL** mit 1-2 min Gehpausen alle 20 Minuten, 65 -75 % Hf_{max}
8. Woche	40 min lockerer DL, 75-85 % Hf_{max}	**10 min langsamer DL**, 65.75 % Hf_{max} **40 min zügiger DL**, 85-95 % Hf_{max} **10 min langsamer DL**, 65-75 % Hf_{max}	20 min lockerer DL, ,75-85 % Hf_{max} anschließend 3 **Steigerungen**	**120 min langsamer DL** mit 1-2 min Gehpausen alle 20 Minuten, 65 -75 % Hf_{max}
9. Woche	40 min lockerer DL, 75-85 % Hf_{max}	10 Minuten langsamer DL, 65 -75 % Hf_{max} **6x 3 min schnell**, 85-95 % Hf_{max} dazwischen je **3 Minuten** **Trabpause**, 65 -75 % Hf_{max}, **10 min langsamer DL**, 65 - 75 % Hf_{max}		**120 min langsamer DL** mit 1-2 min Gehpausen alle 20 Minuten, 65 -75 % Hf_{max}
10. Woche	40 min langsamer DL, 65 -75 % Hf_{max}	**10 min langsamer DL**, 65 - 75 % Hf_{max} **35 min Fahrtspiel**, 75-85 % Hf_{max} **10 min langsamer DL**, 65 - 75 % Hf_{max}	30 min lockerer DL, 75-85 % Hf_{max} anschließend 3 **Steigerungen**	**120 min langsamer DL**, 65 -75 % Hf_{max}
11. Woche	35 min lockerer DL, 75-85 % Hf_{max}	10 Minuten langsamer DL, 65 -75 % Hf_{max} **5x 4 min schnell**, 85-95 % Hf_{max} dazwischen je **4 Minuten** **Trabpause**, 65 -75 % Hf_{max}, **10 min langsamer DL**, 65 - 75 % Hf_{max}		**60 min langsamer DL**, 65 -75 % Hf_{max}

12. Woche	30 min lockerer DL, 75-85 % Hf$_{max}$	5 min langsamer DL, 65 - 75 % Hf$_{max}$ 3 km zügiger DL 85-95 % Hf$_{max}$ 5 min langsamer DL, 65 -75 % Hf$_{max}$	10 min lockerer DL, 75-85 % Hf$_{max}$ anschließend 3 **Steigerungen**	Halbmarathon

Erklärungen zur Tabelle:

Trabpause: Pause zwischen zwei Belastungsintervallen, langsames Lauftempo.

Steigerungen: Kontinuirliche Temposteigerung von Trab bis zum Sprint über eine Strecke von 80 bis 100 Metern.

Fahrtspiel: Tempowechsel nach Gefühl über verschieden lange Teilstrecken und mit unterschiedlichen Belastungsintensitäten.

3.3 Begründung zum Mesozyklus

Unsere Probandin hat als Trainingsziel das sie einen Halbmarathon laufen möchte. Dabei spielt die Zeit keine Rolle. Wichtig für sie ist es, im Ziel anzukommen. Um dieses Ziel zu erreichen wurde der oben dargestellte Trainingsplan für sie konzipiert. Dabei handelt sich um zwei Mesozyklus und einer Gesamtdauer von zwölf Wochen, je sechs Wochen pro Mesozyklus. Der Belastungsumfang pro Woche beträgt dabei drei bis sechs Stunden, um den Belastungsumfang kontinuirlich zu steigern (Ferrauti, 2020). Das Training wird an unterschiedlichen Orten und Geräten durchgeführt. Zum größten Teil findet es Draußen statt, wie Beispielsweise in Parks, Laufbahn oder Asphalt. Alternativ kann aber auch das Laufband genutzt werden. Aufgrunddessen, dass die Zeit keine Rolle bei unserer Probandin spielt, wurden in der Trainingsplanung keine Kilometer festgelegt und auch keine Geschwindigkeit pro Kilometer (Pace). Grundlage des Trainings ist die Belastungsdauer in Minuten bzw. Stunden und die maximale Herzfrequenz. So kann am besten die Grunlagenausdauer verbessert werden (Gimbel, 2014). Als Trainingsmethoden werden die extensive Dauermethode genutzt, sowie die intensive Dauermethode. Die extensive Dauermethode wird mit einer maximalen Herzfrequenz von 65-85 % angegeben. Hier handelt es sich um ein Training an der Schwelle im aeroben Bereich, das heißt das die Laktatwerte liegen bei 1,5-2,5 mmol Laktat (Gimbel, 2014). Die Balstungsumfang ist dabei unterschiedlich, er kann zwischen zehn Minuten und zwischen zwei Stunden gehen. Im Trainingsplan ist die extensive Dauermethode die Grundlage des Trainingsplan. Unsere Probandin wird drei bis vier mal die Woche in diesem Intensitätsbereich trainieren. Dabei wird sie unterschiedliche Belastungsumfänge absolvieren. Diese beginnen Beispielsweise bei einer Dauer von dreißig Minuten bis hin zu einer Belastungsdauer von einhundertzwanzig Minuten (Ferrauti, 2020). Die extensive Dauermethode wird als Grundlage

13

genutzt, da diese die Grundlagenausdauer verbessert. Zudem wird bei dieser Belastungs-phase vorranging der oxidative Stoffwechsel trainiert. Mit zunehmender Belastungsdauer kommt es zur anteiligen Erhöhung der Fettsäureverbrennung, weswegen es auch als Fett-stoffwechseltraining (FST) bezeichnet wird (Gimbel, 2014). Zusätzlich wird bei dieser Methode das Herz-Kreislauf-System ökonomisiert und die periphere Durchblutung ver-bessert (Gimbel, 2014). Dur diesen Effekt erreicht unsere Probandin ebenfalls das Ziel ihr Immunsystem zu stärken und über diesem hinaus bei weiteren drei Monaten Ausdau-ertraining, im Anschluss an diesem Trainingsplan, eine verringerung des Ruhepuls um minus fünf Schläge (Gimbel, 2014; Ferrauti, 2020). Als zweite Trainingsmethode wird die intensive Dauermethode genutzt. Bei dieser Trainingsmethode liegt die maximale Herzfrequenz bei 85-95% bzw. bei einem Laktatwert von 2,5 mmol Laktat (Gimbel, 2014). Der Belastungsumfang ist hier deutlich niedriger als bei der extensiven Dauerme-thode, da die Intensität steigt. Ergänzend zu den oben genannten Anpassungsprozessen kommt es zu einer Vergrößerung der Glykogenspeicher, die anaerobe Schwellen wird angehoben und das angefallene Laktat kann besser kompensiert werden (Gimbel, 2014). Somit verbssert sich die Ausdauer und unsere Probandin kann längeren Belastungsinten-sität stand halten. Die variable Dauermethode wird hier im Trainingsplan mit Hilfe von Fahrtspielen, Steigerungsläufen bzw. Tempowechseln erzielt (Ferrauti, 2020). Dabei han-delt es sich um eine Kombination aus beiden der zuvor genannten Methoden. Der Wech-seln zwischen Belastung- und aktiven Erholungsphasen ist gleichbedeutend mit einem Wechsel der oxidativen und glykolytischen Energiebereitstellung. (Gimbel, 2014). Dadurch verbessert sich die Umstellung und Anpassung der beiden ernergetischen Sys-teme an die Trainingsbelastung (Gimbel, 2014). In den extensiven Phasen kommt es zu einer Verbesserung der Laktatkompensation und -elimination sowie der Regenerations-fähigkeit (Gimbel, 2014). Diese ermöglichen im Hinblick auf das Ziel unserer Probandin, dass sich ihre Ausdauer verbessert und sie eine Belastungsdauer von einhundertvierzig Minuten stand hält, bzw. es schafft einen Halbmarathon zu laufen. Außerdem verbessert sich durch das Ausdauertraining ihr Immunsystem langfristig, da sie im Bereich der ae-roben Energiegewinnung trainiert (Ferrauti, 2020). Blick man weiter, und die Probandin trainiert weitere drei Monate regelmäßig ihre Ausdauer wird auch das dritte Ziel, die Min-derung der Ruheherzfrequenz, erreicht (Ferrauti, 2020).

4 Literaturrecherche zum Thema „Effekte des Ausdauertrainings bei Übergewicht/Adipositas"

Ausdauertraining hat positive Auswirkungen auf die Gewichtsreduktion (Gimbel, 2014). Im nachfolgenden werden zwei Primärstudien zu diesem Thema verglichen um dieses zu genauer zu betrachten und zu bestätigen.

Tabelle 11: Vergleich zweier Studien von Anagnostou & Schaar, 2010 und Wirth, 2017 zum Thema "Effekte des Ausdauertrainings bei Übergewicht/Adipositas"

	Studie 1 (Wirth, 2017)	Studie 2 (Anagnostou & Schaar, 2010)
Autor	Alfred Wirth	Vassilis Anagnostou, Bettina Schaar
Jahr	2017	2010
Forschungsfrage	Was dient zur Prävention und Therapie für Adipositas?	Effekte eines extensiven Ausdauertrainings über 26 Wochen auf schwergewichtige Frauen und Männer zu untersuchen
Versuchspersonen	- Untersucht 141 Frauen und Männer - Hatten alle einen BMI im durchschnitt von 31 kg/m² (deutlich über der Norm)	- 30 schergewichtige Erwachsene (16 Frauen, 14 Männer) - mittleren Alters zwischen 18 und 45 Jahre - BMI größer gleich 40.0 kg/m² - keine akuten oder vorangegangene koronare Herzerkrankung - keinen unkontrollierten Bluthochdruck - keine orthopödischen Erkrankungen - keine Einnahme von Psychopharmaka oder Antihpertensiva
Versuchsaufbau	- Randomisierte Studie - Die Testpersonen wurden in zwei Gruppen aufgeteilt - Gruppe 1: verbraucht beim Training 400 kcal pro Trainingseinheit - Gruppe 2: verbraucht beim Training 600 kcal pro Trainingseinheit - Zusätzlich gab es eine Kontrollgruppe, die kein Ausdauertraining macht - Trainingseinheiten wurden auf dem Laufbanddurchgeführt, alternative Alternativen waren erlaubt - Daten wurden mit einem Accelerometer erfasst	- Insgesamt wurden 16 Einheiten innerhalb der 26 Wochen durchgeführt - Dauer des Trainings 45-60 Minuten - Wurde ein individuell dosiertes submaximales extensives Ausdauertraining mit dem Schwerpunkt der aeroben Belastungsformen wie z.B. Nordic Walking, Schwimmen, Aquajogging und Radfahren - 3 Trainingseinheiten pro Woche - Trainingsintensität lag zwischen 65-75% der maximalen Herzfrequenz

15

	- Laufintensität betrug 70-80% der maximalen Herzfrequenz - Körperzusammensetzung wurde mittels Dual energy X-ray (DXA) ermittelt	
Ergebniss/ Schlussfolgerungen	- Nach 10 Monaten gab es das Ergebnis - Gruppe 1: - 3,9 kg abgenommen - Gruppe 2: - 5,2 kg abgenommen - Kontrollgruppe hat 0,5 kg zugenommen - Die Fettmasse nahm korrespondierend um 3,5 bzw. 5,2 kg ab - Fettfreie Masse (Muskelmasse) änderte sich nicht bzw. nahm um 0,6 kg zu Die Studie zeigt, dass man innerhalb von 10 Monaten durch eine Ausdauerbelastung 4-6 kg abnehmen kann und die Gewichtsabnahme fast ausschließlich durch den Körperfettverlust bedingt ist.	- Nach 26 Wochen gabes das Ergebnis - Frauen: konnten ihren BMI von 44.12 um die plus minus 5.32 kg/m^2 reduziren und ihr Gewicht ebensfalls um durchschnittlich 9 kg reduzieren - Männer: konnten ihren BMI von 43.31 auf plus minus 2,62 kg/m^2 reduzieren und ihr Gewicht im durchschnitt um 8,5 kg reduzieren - sowohl Frauen als auch Männer konnten segnifikante Reduktion von Körperfettmasse erreichen - fettfreie Masse zeigte bei beiden Gruppen keine signifikanten Veränderungen Die Studie zeigt, dass man innerhalb 26 Wochen durch eine extensive Ausdauerbelastung im durchschnitt rund 9 kg verliert und sich der der Körperfettanteil reduziert.

Vergleich man die Studien von Anagnostou & Schaar, 2010 und Wirth, 2017 zum Thema Effekte des Ausdauertraining bei Übergewicht/Adipostitas fällt folgendes auf. Die jüngere Studie ist die von Writh, 2017. Sie behandelt die Forschungsfrage, wie man Adipostitas vorbeugen kann und beschreibt Therapie Maßnahmen. Wirth verwendete für seine Studie einhundereinunvierzig Testpersonen beider Geschlechter. Alle diese Testpersonen haben einen erhöhten BMI und leiden unter Adipositas. Die Testpersonen bei Wirth wurden in zwei Gruppen aufgeteilt. Dabei wurde bei Gruppe eins ein kilokallorien verbrauch von vierhundert kilokalorien pro Trainingseinheit vebraucht und bei der Gruppe zwei sechshundert kilokalorien pro Trainingseinheit. Die Trainingseinheit bei Wirth umfasste Ausdauertraining mit einer maximalen Herzfrewuenz von siebzig bis achtzig Prozent und wurde auf dem Laufband durchgeführt. Zusätzlich gab es eine Kontrollgruppe die keinen Ausdauersport betrieb. Die Studie wurde über zehn Monate geführt und brachte folgende Ergebniss mit sich. Gruppe eins, die vierhundert Kilokalorien pro Trainingseinheit verbraucht konnte eine Gewichtsreduktion von drei komma neun Kilogramm verzeichnen. Gruppe zwei mit sechshunder Kilokalorien pro

Trainingseinheit, sogar fünf Komma zwei Kilogramm. Bei den verloren Kilos handet es sich um die Fetmmasse. Die Fettfreie Masse also die Muskelmasse veränderte sich kaum. Betrachtet man die Kontrollgruppe von Wirth, die kein Ausdauertraining betrieben hat, fällt auf das die im durchschnitt null Komma fünf kilogramm zugenommen hat. Bei der Studie von Wirth, 2017 konnte als Ergebniss festgehalten werden, dass Ausdauertraining positive Auswirkung auf die Gewichtsreduktion und somit bei Adipösen Personen hat.

In der Studie von Anagnostou & Schaar, 2010 wurden im gegensatz zu Wirth dreißig Personen für die Studie ausgewählt, dabei waren es wieder beide Geschlechter. Auch diese hatten, gleich wie bei Wirth, einen erhöten BMI und leiden unter Adipositas. Die Tespersonen waren im Alter zwischen achtzehn und fünfunvierzig Jahre alt. Unter der Fragestellung wie sich sechsundzwanzig Wochen extensives Ausdauertraining auf schwergewichte Personen ausübt, wurden die Probanden vorher genau ausgewählt. Sie sollten um an der Studie teilzunehme, keinerlei gesundheitliche Einschränkungen haben. In der Studie von Anagnostou & Schaar, 2010 wurde über sechsunzwanzig Wochen ein extensives Ausdauertraining mit den Prbanden vorgenommen. Auch hier wurde in zwei Gruppen geteil, zum einen sechzehn Frauen und in der anderen Gruppe befanden sich vierzehn Männer, die eine Gesamtzahl von dreizig Probanden ergeben. Anders wie bei Wirth, wurde hier nach Dauer der Ausdauerleistung trainiert. Über diese sechsundzwanzig Wochen Trainierten die Teilnehmer dreimal die Woche über eine Dauer von fünfunvierzig bis sechzig Minuten. In der Studie von Anagnostou & Schaar, 2010, wurde anders wie bei Wirth, mit einer geringeren maximalen Herzfrequenz gearbeitet. Diese lag bei Anagnostou & Schaar, 2010 bei fünfunsechzig bis fünfunsiebzig Prozent. Ebenfalls wurde hier als Ausdauertraining nicht nur das Laufband verwendet, sondern zusätzlich auch Schwimmen, Radfahren, Aquajogging und Nordic Walking. Auch in dieser Studie konnten Frauen sowie Männer eine Gewichtsabnahme von durchschnittlich neun Kilogramm verzeichnen. Auch konnten die Probanden in der Studie von Anagnostou & Schaar, 2010 eine Signifikante reduktion von ihrerem Körperfett verzeichnen. Die Fettfreie Masse der Probanden änderte sich auch bei dieser Studie nicht.

Zusammenfassen kann man sagen, dass die Studie von Anagnostou & Schaar, 2010 sowie die Studie von Wirth, 2017 gezeigt haben das regelmäßiges Ausdauertraining bei Adipositas erhebliche veränderungen auf die Gewichtsreduktion hat. Somit kann regelmäßiges Ausdauertraining und Bewegung helfen Übergewicht vorzubeugen und die Gewichtsabnahme fördern.

5   Literaturverzeichnis

Anagnostou, V., & Schaar, B. (2010). Effekte beim Grundumsatz nach einer Körpergewichtsreduktion durch extensives Ausdauertraining bei schwergewichtigen Frauen und Männern. In V. Anagnostou, & B. Schaar, *Gesundheit und Bewegung* (Bd. 32, S. 163-196). Sankt Augustin: Academia .

Ferrauti, A. (2020). *Trainingswissenschaft für die Sportpraxis.* (P. D. Ferrauti, Hrsg.) Bochum: Springer-Verlag GmbH Deutschland.

Gallagher, D. e. (2000). *Healthy percentage body fat ranges: an approach for developing guidelines based on body mass Index.* Am J Clin Nutr.

Gimbel, B. (2014). *Körpermanagement .* Heidelberg: Springer-Verlag Berlin.

Raschka, C. (2006). *Sportanthropologie.* Köln: Sportverlag Strauß.

Trunz, E. (2004). *IPN-Ausdauertest für den Fitness- und Gesundheitssport.* Köln: Institut für Prävention und Nachsorge.

Wirth, A. P. (2017). Adipositas und körperliche Aktivität bei Erwachsenen. *Adipositas*(2).

6   Abbildungs- und Tabellenverzeichnis

6.1 Tabellenverzeichnis